AF582105

LES SIGNES MERVEILLEVX APPARVS AV CIEL VN IOVR DEVANT & vn iour apres les ceremonies du Baptesme de Monseigneur le Dauphin, celebrees à Fontaine-Bleau.

Auec l'exposition des plus grands Astrologues de ce temps, & autres propheties admirables.

A PARIS,
Chez Estienne Colin Imprimeur, ruë d'Escosse, au college de Cocqueret.
M. VI. C. VI.

LES SIGNES MERVEILLEVX APPARVS AV CIEL VN iour deuant & vn iour apres les ceremonies du Baptesme de Monseigneur le Dauphin, celebrees à Fontaine-Bleau.

ENCORES que plusieurs Physiciens r'apportét aux causes naturelles les choses les plus merueilleuses qui apparoissent au Ciel, & que mesmes plusieurs en soient venus la descrire, que ces signes & apparitions n'apportent ny bien ny mal, mais que ce sont des exhalaisons qui tendant à leur origine se figurent à nos yeux en la forme qu'elles trouuent la disposition des nuees:Si eſt-ce toutesfois, que les Chreſtiens & vrays Catholiques montent bien plus hault, & en tirent la cauſe du moteur celeſte, qui nous enuoye ces ſignes pour auancoureurs de ſa douceur ou de ſon ire. Les exemples en ſont frequens, teſmoignez non ſeulement par le rapport de l'Eſcriture ſaincte, mais encores par les eſcrits des plus graues autheurs des Payens, qui ont remarqué en ces choſes quelque prouidence diuine. Qu'on liſe les Prophetes, Iſaye, Ieremie, & Ezechiel, qu'on liſe les Machabees, & Ioſephe: bref qu'on liſe Plutarque, & autres autheurs, qui nous apprenent comme deuant la prinſe de quelque grande ville, la deſtruction de quelque prouince ou de quelque Royaume, ou lors de la naiſſance de quelque grand Monarque, ou deuant que quelque bataille ſignalee ſe donnaſt, de choſes pareilles & extraordinaires ont paru au Ciel.

Or comme la naiſſance de Monſeigneur le Dauphin eſt merueilleuſe, ſon beau & clair iugement en vn aage ſi tẽdre remply de merueilles, & les choſes qu'on a predict de luy toutes admirables & miraculeuſes, il ne fault point douter que les choſes qu'on veit apparoiſtre dernierement à Fontaine-Bleau ne facent pour la merueille de ſa valeur future: ie le vous vay raconter en ceſte maniere.

Les ceremonies de la renaiſſance de Monſeigneur le Dauphin s'appareilloiẽt au chaſteau admirable de Fõtaine-Bleau. Tant de peuple qui eſtoit accouru de toutes parts pour participer à la veuë de ces Royales magnificences, ne craignoit ny le froid, ny le ſerain ny autres incommoditez qu'il ſupporta quelques iours auparauant, lors que le treziefme de Septembre, enuiron les dix heures du ſoir, pluſieurs qui couchoient à l'erte, & qui n'eſtoient pas encores retirez dans leurs tentes, virẽt premierement vne lumiere qui ſortit du coſté de l'Occident, qui s'eſpẽdant petit à petit fit comme de longues trainees de feu ſemblables à de grandes fuſees, qui alloient fondre ſur le Midy, & du coſté de l'Orient redoublant l'eſpace d'vn quart d'heure d'vne viſteſſe admirable. Or il ne faut pas qu'on croye que ce fuſſent quelques nuees que les exhalaiſons fiſſent reluire, & que le vent pouſſaſt, car le Ciel eſtoit ſi calme & ſi ſerain, qu'il n'eſtoit pas poſſible de plus. Ce ne fut pas le tout. Apres que ces grands rayons de feu furent paſſez on vit apparoiſtre pluſieurs chariots de feu, mais fort confuſement, qui ſembloient ſe choquer les vns contre les autres, auec apparence de lances & de piques, & de bras armez qui les branloient dedans ces chariots: cela dura iuſques à la minuict, quand ſubitement ceste grande lumiere fit briller tout le Ciel, & apres se retira petit à petit de mesme qu'elle estoit venuë.

Le iour ensuyuant, qui fut le quatorziesme de Septembre, les ceremonies furent celebrees, dont quelques vns en ont fait la description, mais fort froidement, n'ayant point fait voir à la France les pompes des habits de la court, ny encores la description de cet admirable chasteau d'artifice que l'on fit le iour suyuãt, qui fut le quinziesme. Peut estre quelqu'vn le fera encores auec plus de patience, de iugement, & de verité, afin de contenter les esprits curieux.

Le iour doncques suyuant, & le quinziesme de Septembre, dix ou douze mille personnes estoient assemblees en ceste belle plaine qui est hors de Fontaine-Bleau du costé de Leuant, afin de contempler ce chasteau admirable & artificiel, qui fut assiegé, battu, & pris par des Satyres ou Sauuages, ainsi que ceux qui y estoient en pourroient dire des nouuelles, quand sur les neuf à dix heures du soir, l'on veit encores le Ciel resplēdir d'vne grande lumiere, du mesme costé qu'on l'auoit veuë deux iours auparauant: apres on veit Caualiers tous armez, & pietons se combattre les vns contre les autres, auec tant de furie & d'ardeur, que c'estoit vne chose horrible à regarder, les vns tōboient de leur cheual, & se voulans releuer estoient foulez par les autres. D'autres apres auoir tiré comme de coups d'arquebuse & de pistolets se colletoient, & ne se quittoient point que le plus fort n'eust mis à bas le plus foible. Bref, que l'on se figure tout l'horreur que l'on peut remarquer en vne cruelle & sanglante bataille, encores cela ne sera rien au prix de ce que ie dis. Cecy dura l'espace d'vne heure, ou enuiron, & disparut soudainement, remplissant

plissant de merueille & d'estonnement ceux qui le virent. Ce ne sont point des mensonges faictes à plaisir, ie cognois plus de cent personnes qui le virent, & qui le tesmoigneront s'il en est besoin. Entre autres plusieurs des archers de la garde du Roy estoiét auec moy, qui sçauét bien que ces choses sont veritables.

A la verité ce sont des merueilles bien estranges, mais non pas tant comme elles paroissent, si on considere ce qu'elles nous signifient. Quant à moy i'estime, & ne le pense pas tout seul, car ie suis de l'opinion d'vn des grands Astrologues de nostre siecle, auec qui i'en communiquois l'autre iour, que ces choses ne no⁹ predisent rien autre, sinon que le temps est prochain que les propheties qui sont escrites contre l'empire tyrannique des Otthomans s'approche. Les Turcs n'en parlent iamais qu'auec de l'horreur, car il est escrit qu'vn grãd Roy se doit leuer vn iour des Gaules, qui (apres auoir receu la couronne Imperiale de l'Occidét) doit tourner ses armes contre l'empire d'Oriét, & le reduire à si petit estat, qu'à peine la Meque seruira de retraitte au grand Seigneur. Mais quoy? ceste pierre de marbre, qu'on trouua n'a pas long temps à Memphis, autrement le grand Caire, n'en fait elle pas mention, en voicy les propres mots traduits fidelement de l'Arabe, par vn grãd personnage qui a demeuré en Arabie, ou en Egypte, plus de dix ans.

Au temps que le pesant oyseau sera pres d'estre despoüillé de toutes ses plumes, & que le Lyon de l'Ebre n'aura pas moyen de secourir son sang, la race des fleurs de lys d'or & d'azur prendra la cause en main, à la ruine du grand Empire du monde. Les fleuues rougiront de sang, les campagnes seront couuertes de charongnes, les citez arses; on ne verra iamais vne telle desolation.

Ceste prophetie est bien claire, & desja vne partie en est aduenuë, car nous voyons les preparatifs que le Turc faict contre l'Austriche, & le peu de moyen que l'Espagnol a de la secourir. Autre doncques ne peut l'accomplir que la race des fleurs de lys d'or & d'azur, qui est nostre grand Prince Louys fils de Henry quatriesme, & de Marie de Medicis, puis qu'on sçait bien que les armes de France sont des lys d'or, & celle de Florence des lys d'azur. Or ceste grande lumiere qui apparut à Fontaine-Bleau ne signifie que le mesme, car elle venoit d'Occident, & iettoit des traicts de feu sur l'Orient & sur le Midy. Nostre Prince, apres auoir receu la courône de l'Occident, ira fondre sur la Grece, la Syrie, & l'Egypte, & remettra en sa premiere splendeur l'Empire du grand Constantin. Nostradamus en l'vne de ses propheties le tesmoigne en ses termes:

Le grand CHIREN MENDOSVS *en repos,*
Pleure Memphis, pleure Damas, Syrie:
L'aigle prenant de Gaule son suppos
Recouurera sa plus grande partie.

Il n'est aucun si despourueu de iugement, qui ne recognoisse que toutes ces paroles ne se peuuent approprier qu'à Monseigneur le Dauphin : car Nostradamus veut dire, que lors que Henry quatriesme, qu'il nomme CHIREN, ayant tout expres contourné son nom, & MENDOSVS, à cause qu'on l'appelloit du temps que Nostradamus escriuoit ses propheties, Monseigneur de Vendosme tourné en Mendosus, se reposera de ses trauaux passez, son fils sera esleu Empereur, & ruinera l'empire des Otthomás. Iean Carion s'est voulu mesler de dóner l'explication d'vne certaine prophetie qui fut trouuee en vne ville d'Asie, il y a cent trente ans ou enuiron, l'appropriant à l'Empereur Charles cinquiesme. A la verité ce fut vn grand Monarque, & qui reprima plusieurs fois les assaults des Turcs, mais non pourtant si fortuné d'auoir ce bon heur de recouurer les pertes de la Chrestienté. I'insererois icy ceste prophetie, si ie ne pensois abuser de la patiéce du lecteur, elle est assez cómune, & ses Chroniques assez vulgaires pour en contenter la curiosité de ceux qui ne l'ont iamais leuë. Ie finiray seulement par ceste autre qu'on a trouuee dans des propheties de Nostradamus non encores imprimees, mais presentees à sa Majesté tres-Chrestienne par vn sien parent, en voicy les propres mots:

Diane aura dequoy pleurer sa perte,
Lors que le Roy de la mer attendu
Ira peuplant la campagne deserte,
Et le Danube en son pouuoir rendu.

Et qui est maintenant si despourueu d'esprit, qui ne voye que par Diane est compris l'empire des Turcs, qui porte le croissant? Par le Roy de la mer attendu, Monseigneur le Dauphin tant desiré de la France: car qui est le Prince depuis que les Monarchies du monde sont establies, qui à sa naissance ayt produit plus d'applaudissemens? Les vers de nos oracles en font foy:

Nos vœux sont exaucez, la France est satisfaicte,
Nous iouyssons en fin de l'oracle Prophete,

dit vn Demó de poësie. Et en autre part,

Puisse-il naistre bien tost pour calmer tous orages,
Dissemblable en cela des Dauphins de la mer.
Qui nageans sur les flots sont asseurez presages
Que bien tost leur fureur les doit faire escumer.

Ce sera donc ce grand Prince Louys XIII. du noble sang de France (comme encores la prophetie qui se trouue escrite dás les Chroniques de Magdebourg depuis deux cens ans, le tesmoigne) qui receura la couróne Imperiale d'Allemagne, reparera le degast que les Turcs ont faict en la Hongrie: & en fin brisera les cornes de ce ſuperbe empire des Ot-thomans le fleau des Chreſtiens. Dieu nous face la grace de le veoir à la gloire de ſon Nom, & à l'exaltation de ſon eſpouſe, la vraye Egliſe Catholique, & Apoſtolique Romaine.

FIN.

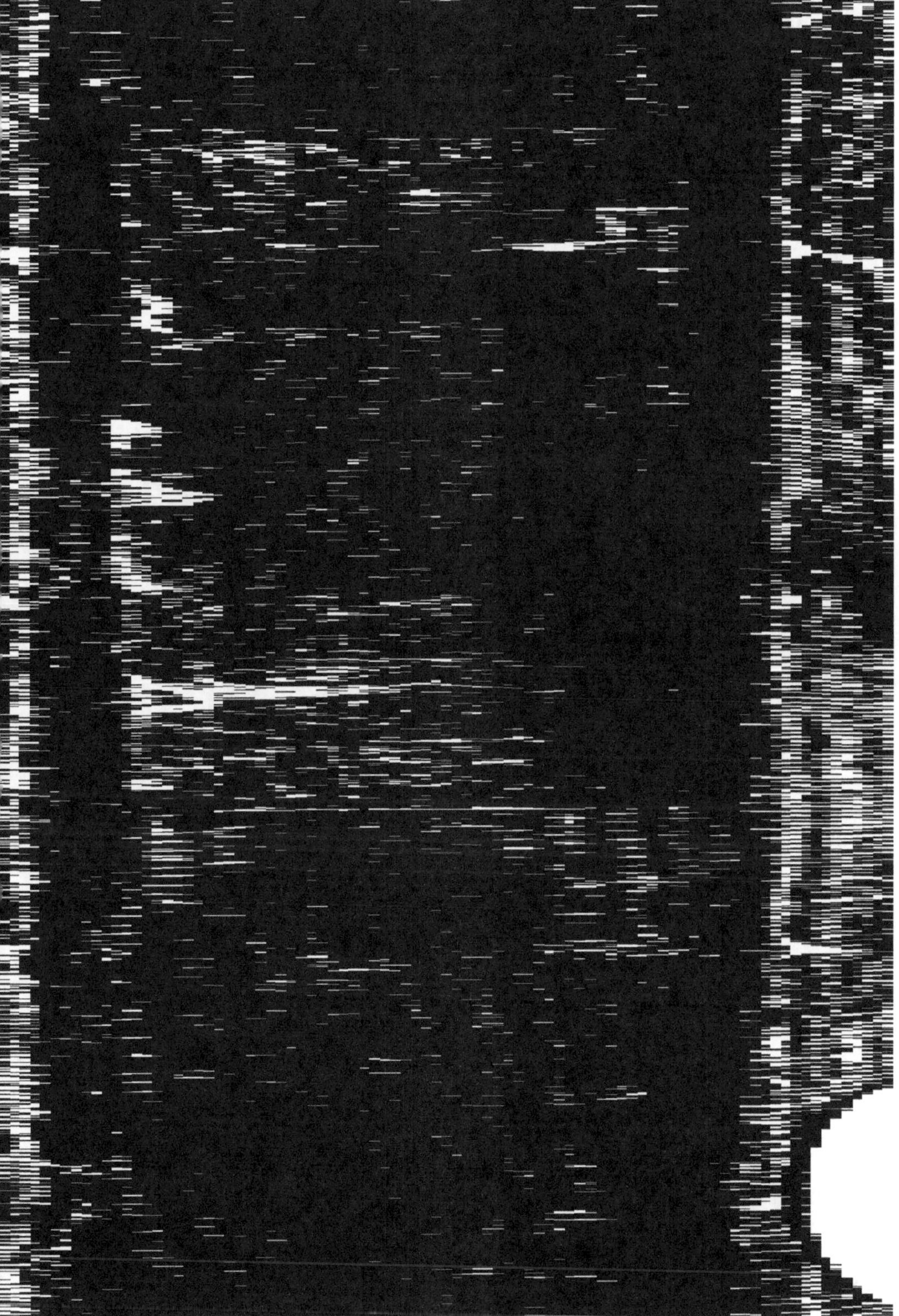

www.ingramcontent.com/pod-product-compliance
Lightning Source LLC
LaVergne TN
LVHW050511160826
845677LV00003B/1069

* 9 7 8 2 3 2 9 6 3 1 6 0 8 *